AF296719

RECHERCHES

SUR LA

RÉPRESSION DE LA MENDICITÉ DANS L'ANCIENNE
GÉNÉRALITÉ DE ROUEN

RECHERCHES

SUR LA

RÉPRESSION DE LA MENDICITÉ

DANS L'ANCIENNE GÉNÉRALITÉ DE ROUEN

PAR

M. CH. DE BEAUREPAIRE

ROUEN

IMPRIMERIE DE ESPÉRANCE CAGNIARD

Rues Jeanne-Darc, 88, et des Basnage, 5

1887

RECHERCHES

RÉPRESSION DE LA MENDICITÉ DANS L'ANCIENNE GÉNÉRALITÉ DE ROUEN

Par M. Ch. de BEAUREPAIRE.

———

Si quelque chose est de nature à modérer les sentiments de fierté que peuvent, très légitimement, exciter dans nos cœurs les progrès de tout genre qui marquent les temps modernes, c'est assurément le paupérisme avec son cortège de misères ; c'est le résultat de tant d'efforts faits depuis trois siècles pour y apporter remède, dans un but d'humanité à l'égard des uns, de sécurité à l'égard des autres. Tour à tour on a vu à l'œuvre les moralistes, les philosophes, les économistes, tous ceux que la supériorité de leur esprit et de leur instruction imposait comme guides à l'opinion publique, et aussi ceux qui disposaient du pouvoir législatif et des finances de l'Etat. C'est un témoignage à leur rendre : ils n'ont point épargné leurs peines ; ils n'ont été avares ni de programmes ni de promesses. Que tout cela ait été en pure perte, il serait trop cruel et, vraisemblablement, injuste de le supposer; mais, force est bien de le reconnaître, les faits n'ont point répon lu aux espérances, et l'on cherche encore une solution qui satisfasse la raison et le cœur. Les sociétés antiques portaient attaché à leurs flancs l'esclavage, dont les cris déchirants couvrent les voix des orateurs et les chants des poètes. Nos sociétés, Dieu merci, ne sont pas troublées par des accents aussi lugubres. Mais les bruits qui se font entendre nous avertissent assez que nous sommes loin de cet idéal de félicité publique que des rêveurs croyaient si aisé d'atteindre. Tenons-le pour certain, à la suite d'une si longue et si douloureuse expérience : après que les législateurs et les politiques auront usé de tous les expédients que la sagesse peut suggérer, il restera encore un champ démesurément vaste aux pieuses inventions de la charité privée, soit pour prévenir les maux que la loi ne sait que punir, soit pour atténuer ce que ses prescriptions ont de trop absolu ou pour adoucir ce que ses châtiments pourraient avoir de désespérant.

J'imagine qu'au xvie siècle, dans l'enivrement de la Renaissance, bien des magistrats lettrés durent éprouver une pénible surprise, lorsqu'au lieu du nouvel âge d'or, dont ils s'apprêtaient à saluer le retour, ils virent apparaître la misère, avec des menaces jusqu'alors inconnues.

L'idée vint naturellement d'offrir quelque secours aux valides qui manquaient de pain, par la création d'ateliers publics, et de sévir, en même temps, contre le vagabonlage et la fainéantise.

Les secours furent insuffisants. Ni l'Etat ni les villes

n'adoptèrent des plans de quelque importance en fait de travaux, et il faut dire, pour leur justification, que les moyens leur auraient manqué pour en entreprendre. Il en coûtait moins pour sévir : aussi les mesures de répression furent-elles impitoyables.

Ecoutons le parlement de Normandie dans l'arrêt qu'il rendit en forme d'ordonnance en 1534, arrêt dont les principales dispositions se retrouvent dans tous les règlements appliqués en France à cette époque.

« Enjoint la Cour à toutes personnes qui peuvent travailler et besongner, tant hommes que femmes, non ayans biens suffisans pour vivre....., qui vivent oiseusement, sans exercice ou autre vacation, ou mandient et caymandent par la ville de Rouen, et à tous essorillez et bannis de cette ville ou du royaume, qui ne sont rappelez, qu'ils ayent à partir et vuider hors cette ville, c'est assavoir lesdits oisifs, vagabons, maraux valides mendians, dedans 8 jours du cry et publication des présentes, ou qu'ils ayent à trouver maîtres, ou autrement eux faire avoüer de gens de bien, sur peine du fouet, ou d'être condamnez, mis et tenus en chaînes, aux œuvres publiques, et lesdits bannis et essorillez, dedans 24 heures...., sur peine de la hart.

« Enjoint au bailly...., icelle huitaine passée, faire prendre..... toutes personnes des qualités susdites, iceux constituer prisonniers, et procéder contr'eux respectivement jusques à sentence diffinitive et de torture...., bailler aux bourgeois conseillers de ladite ville lesdits maraux, oisifs, vagabonds valides mendiant, pour être enchaînez et enferrez deux à deux pour besongner aux œuvres publiques. »

Au moyen de ces rigueurs, maintes fois renouvelées, pendaison, fouet, travaux forcés dans le genre de ceux des galères, on parvint à purger la ville des mendiants qui l'avaient envahie, avantage très sérieux pour les bourgeois, mais qu'eut à payer la population des campagnes environnantes, où la police ne pouvait être que fort imparfaite, à raison de l'état de la voirie, de l'absence de force armée et de fonds de charité.

Du reste, plus sensibles à la mendicité qu'on a sous les yeux qu'à celle qui s'exerce au loin, et qu'on ne se représente que par l'imagination, les magistrats, dans les diverses juridictions, continuèrent à prononcer comme peine le bannissement : ils délivraient leur résidence d'individus réputés dangereux ; ils en infestaient, sans scrupule de conscience, des villes et des provinces éloignées. Mais ils en recevaient bientôt, en échange, par une juste réciprocité, des individus non moins flétris et d'autant plus à redouter que leurs antécédents étaient inconnus.

Cent ans environ après, on songea à opérer le renfermement général des mendiants. On n'avait jamais douté que cette mesure ne fût infiniment préférable au point de vue de la police générale. Mais jusque-là on n'avait pu essayer de la réaliser.

Le 3 mai 1650, le Parlement de Normandie rendit un arrêt portant que tous les pauvres divaguant par la ville de Rouen seraient renfermés, les hommes et les garçons dans les halles, les femmes et les filles dans la *Tuerie,* où l'aumône leur serait distribuée pendant quelque temps, et qu'il serait commis deux hommes à chaque porte pour faire la garde et empêcher les pauvres d'entrer. Une partie des indigents devait être internée aux hôpitaux de Saint-Martin-du-Pont et de Saint-Vivien. Pour subvenir à leur nourriture, on eut recours à des cotisations forcées sur les paroisses.

Ce fut le premier essai d'un système qui fut définitivement organisé par l'édit du mois de mai 1681, vérifié en Parlement, les chambres assemblées, le 23 juin de cette même année.

On rappelle dans ce document l'établissement du Bureau des Valides, créé en 1534, les divers arrêts qui, plus tard, avaient autorisé les administrateurs du Bureau à faire enfermer les pauvres dans l'enclos de l'hôpital pour y être élevés dans la piété et y apprendre, par le travail, à gagner leur vie.

On y vise ensuite un arrêt du 7 juin 1679, lequel avait ordonné qu'il fût tenu sans retard, dans la ville de Rouen, une assemblée générale en présence du premier président Pellot, de l'Intendant Le Blanc, à l'effet de rechercher les moyens les plus doux et les plus convenables pour faire subsister l'hôpital en question, y renfermer les pauvres et empêcher entièrement la mendicité.

Ce fut en conséquence des délibérations de cette assemblée que furent adoptées les dispositions suivantes, homologuées par l'Edit de 1681.

« Le renfermement général des pauvres sera incessamment continué.

« Et d'autant que, nonobstant l'établissement de l'Hôpital et au préjudice de divers arrêts...., on voit, dans la ville de Rouen, plusieurs mendians et vagabons y affluer de toutes parts, et mendier publiquement, tant pendant le jour que la nuit, dans les églises et par les rues, ce qui cause du désordre dans la ville et empêche qu'on ne fasse des aumônes à l'Hôpital, nous ordonnons que toutes les personnes valides, de l'un et de l'autre sexe, âgées de 16 ans et au dessus, qui auront la force nécessaire pour gagner leur vie, lesquels seront pris mendiant par la ville et faux bourgs, seront renfermés dans les lieux préparés séparément pour les personnes de l'un et de l'autre sexe, pendant 15 jours ou autre temps plus long que les directeurs jugeront à propos, où il leur sera donné uniquement le nécessaire à la vie, et y seront employés aux travaux les plus rudes qu'il sera possible et que leurs forces pourront porter. Ceux qui, après y avoir été renfermés pendant ce temps, seront pris mendiant une seconde fois, seront renfermés pendant 3 mois dans les mêmes lieux. En cas qu'ils soient pris ensuite mendiant une troisième fois, ils y seront renfermés durant un an ; et, s'ils sont pris une quatrième fois, ils y seront renfermés pendant le reste de leur vie, sans qu'ils en puissent sortir pour quelque prétexte que ce puisse être, même en cas de maladie. Ordonnons que les hommes et garçons, de 20 ans et au-dessus, qui en sortiront par quelque voie que ce soit après y avoir été renfermés pour la quatrième fois, et seront pris mendiant, ou qui ne voudroient point travailler aux ouvrages auxquels on les voudroit appliquer, seront conduits au bailliage pour être condamnés aux galères à perpétuité par les officiers dudit bailliage en dernier ressort..... Et pour les femmes et filles, qui seront prises mendiant une 4ᵐᵉ fois, après être échappées desdits lieux, ordonnons qu'elles seront renfermées plus étroitement dans les lieux destinés à cet effet.

« Enjoignons aux bourgeois de Rouen, leurs domestiques et autres, de retenir les pauvres qui iront mendier à leurs portes..... jusqu'à ce qu'ils en aient averti les directeurs..... dudit Hôpital pour les faire arrêter par leurs officiers, aux fins de leur imposer les châtiments ci-dessus, pour l'exécution desquels pourront lesdits Directeurs..... avoir, dans l'enclos dudit Hôpital, poteaux, carcans, prisons et basses fosses, comme ils aviseront bon estre, sans que l'appel puisse être reçu des ordonnances qui seront par eux rendues pour le dedans dudit Hôpital. »

On menaçait de fortes amendes ceux qui, par motif de compassion, ou sous prétexte de nécessité pressante, donneraient l'aumône aux mendiants ou leur fourniraient le logis.

Ainsi, d'après ce règlement, l'Hôpital était transformé en prison et pourvu de tout ce qui pouvait inspirer l'effroi ; les directeurs de cet établissement devenaient juges en dernier ressort pour une multitude de délinquants ; la dénonciation était prescrite aux particuliers, en même temps qu'on leur interdisait strictement tous actes de charité autres que ceux qui rentraient dans le programme de la bienfaisance officielle et avaient directement pour objet l'Hôpital général.

Mais, cette fois encore, on s'était mis en campagne sans s'être assuré les ressources indispensables à une œuvre si difficile. Pas de personnel, pas de locaux, et surtout pas d'argent, et il en eût fallu beaucoup pour nourrir une légion de mendiants et pour entreprendre les travaux auxquels il était nécessaire de les employer.

L'entreprise échoua comme il était à prévoir. Repoussés de la ville, les pauvres, suivant leur coutume, reprirent la route de la campagne, et retombèrent à la charge des paysans. On n'avait pas guéri le mal : on n'avait fait que le déplacer.

Quelques années s'étaient à peine écoulées, que, rassurés par l'impuissance de l'administration, les mendiants reparaissaient à Rouen et devenaient un sujet d'inquiétude pour nos échevins.

Le 28 août 1693, l'Hôtel-de-Ville prit une délibération aux termes de laquelle les pauvres de la campagne, trouvés mendiant à Rouen, furent arrêtés et enfermés à l'hôpital Saint-Roch. On se contenta de donner aux hommes une livre de pain à chacun, et aux enfants au-dessous de dix ans, une demi-livre par jour.

Des gardes furent mises aux portes pour empêcher les pauvres d'entrer. Elles ne furent licenciées que le 21 octobre suivant.

Il serait sans intérêt de suivre l'administration dans ses perpétuelles alternatives de répression violente et de singulier relâchement. J'arrive à la Déclaration du 18 juillet 1724, où l'on trouve un aveu formel de l'échec subi par l'Etat dans sa lutte contre la mendicité et l'exposé d'un système, largement et habilement conçu, de mesures à prendre pour venir à bout du fléau. Je ne puis me dispenser de citer ce que dit le Roi à cette occasion, ou, pour parler plus exactement, ce que son Conseil lui fait dire.

« Nous avons toujours vu avec une peine extrême depuis notre avènement à la Couronne, la grande quantité de mendiants de l'un et de l'autre sexe, qui sont répandus dans Paris et dans les autres villes et lieux de notre royaume, et dont le nombre augmente tous les jours. L'amour que nous avons pour nos peuples nous a fait chercher les expédients les plus convenables pour secourir ceux qui ne sont réduits à la mendicité que parce que leur grand âge ou les infirmités les mettent hors d'état de gagner leur vie ; et notre attention pour l'ordre public et le bien général de notre royaume nous engage à empêcher, par des règlements sévères, que ceux qui sont en état de subsister par leur travail, mendient par pure fainéantise et parce qu'ils trouvent une ressource plus sûre et plus abondante dans les aumônes des personnes charitables que dans ce qu'ils pourroient gagner en travaillant. Ils sont en cela d'autant plus punissables qu'ils volent le pain des vrais pauvres en s'attribuant les charités qui leur seroient destinées ; et l'ordre public en est d'autant plus intéressé que l'oisiveté criminelle dans laquelle ils vivent prive les villes et les campagnes d'une infinité d'ouvriers nécessaires pour la culture des terres et pour les manufactures, et que la dissolution et la débauche, qui sont la suite nécessaire de cette même oisiveté, les porte insensiblement aux plus grands crimes. Pour arrêter les progrès d'un si grand mal, auquel on a voulu remédier dans tous les temps, mais sans succès jusqu'à présent, nous avons fait examiner en notre Conseil les différents règlements et ceux faits par différents princes et puissances de l'Europe sur une matière qu'on a toujours regardée comme un objet principal dans tous les Etats bien policés, et nous avons reconnu que ce qui avoit pu empêcher le succès d'un grand nombre de règlements ci-devant faits à ce sujet, est que l'exécution n'en avoit pas été générale dans tout le royaume, et que les mendiants, chassés des principales villes, ayant eu la faculté de se retirer ailleurs, ils auroient continué dans le même libertinage, ce qui les auroit mis à portée de revenir bientôt dans les lieux mêmes d'où ils avoient été chassés ; que l'on n'avoit pas pourvu suffisamment à l'entretien des hôpitaux, ce qui avoit obligé, dans différents endroits, les directeurs des hôpitaux à ouvrir les portes à ceux qui y étoient renfermés ; que l'on n'avoit point offert de travail et de retraite aux mendiants valides qui ne pouvoient en trouver, ce qui leur avoit fourni un prétexte de transgresser la loi, par l'impossibilité où ils avoient prétendu être de l'exécuter faute de subsistance, et qu'enfin les peines prononcées n'étant pas sévères, ni aucun ordre établi pour reconnaître ceux qui avoient été arrêtés plusieurs fois et les punir plus sévèrement pour la récidive, la trop grande facilité de se soustraire à la disposition de la loi, et le peu de danger d'être convaincu, à cause de la légèreté de la peine, en auroit fait totalement négliger les dispositions (1) ».

(1) V. Merlin, *Répertoire de jurisprudence,* v° Mendiant, et

On devine par cet exposé quelle sorte de mesures furent adoptées, disons mieux, proposées; car, à vrai dire, le gouvernement ne dota pas les hôpitaux au point de leur permettre de satisfaire aux prescriptions de la loi; les prisons restèrent ce qu'elles étaient, étroites, malsaines, et en même temps peu sûres, et, à part les routes dont on commençait à s'occuper, il n'y avait guère de travaux publics auxquels on pût employer les indigents.

Les preuves abondent du peu d'effet que produisit dans nos contrées la Déclaration de 1724.

Le curé de Cropus affirme à la Chambre du clergé, en 1728, que la proximité du grand chemin, jointe à la misère continuelle, attire à son presbytère quelquefois jusqu'à 60 pauvres par jour. La même année, le curé de Baromesnil déclare que sa paroisse est traversée par deux grands chemins, l'un de Dieppe à la route de Paris, l'autre du pays de Caux à Neufchâtel et à la Picardie, et que cette circonstance, très défavorable pour lui, vaut à sa cure de 30 à 35 pauvres par jour à assister. Le curé de Theuville-aux-Maillots se lamente sur le nombre des pauvres et des étrangers qui sont journellement à sa porte et qu'il ne lui est pas permis de refuser. Celui d'Ypreville signale, comme une des plus lourdes charges de son bénéfice, les vagabonds auxquels il faut donner, parce que sa paroisse est sur la grande route de Rouen, et qu'il y auroit danger à les rebuter. »

En 1729, plaintes non moins significatives du curé des

Recueil des Edits, Lettres-patentes, etc., enregistrés au Parlement de Normandie.

Authieux-sur-Buchy : il est contraint de faire l'aumône
aux étrangers, qui, sans information, s'imaginent que,
dans un presbytère, on a droit d'exiger des secours,
faute de quoi jurements, blasphèmes, exécrations et menaces de feu, et pourtant un de ses prédécesseurs dans
cette cure était mort de faim ; — du curé de Notre-Dame
de Canville : il trouve bien onéreuse l'obligation où il
est de contenter des bandes de mendiants étrangers vagabonds, qui le fatiguent jour et nuit, le menaçant souvent
de l'assassiner ou de le brûler vif dans son presbytère ;
— du curé d'Ourville : il est littéralement accablé de
pauvres dans les temps fâcheux ; — du curé de Pavilly :
cette localité est un grand passage, et l'on y voit venir
quantité de pauvres tous les jours ; — du curé de Saint-
Martin-de-la-Garenne : aux secours qu'exigent de lui
les mendiants étrangers, il doit ajouter ceux que la charité lui fait un devoir de procurer à ses ouailles ; sur 700
paroissiens, on n'en compterait pas, d'après son calcul,
50 qui aient du pain à manger (1).

Notons que trois ou quatre années seulement nous
séparent de cette Déclaration de 1724 dont on avait
attendu de si heureux effets, et que Merlin, dans son
Répertoire, reproduit comme un acte d'une grande importance (2). On cessa bientôt de la craindre, quand on
eut compris qu'elle était inapplicable, et la mendicité

(1) Arch. de la Seine-Inférieure. F. de la Chambre du Clergé. G.
5554, 5565, 5570, 4374, 5580.

(2) Elle mérite en effet cette appréciation. Ceux qui plus tard se
sont occupés du grand problème de la mendicité ont trouvé d'autres
formules, mais pas d'autres idées.

qu'on s'était flatté d'empêcher, ne tarda pas à reparaître dans toute son horreur.

En 1741, on en revint aux mesures de rigueur, et l'on compta pour atteindre le but désiré sur l'action combinée des hôpitaux, où l'on renfermerait les mendiants, et des cavaliers de la maréchaussée, dont on prit soin d'exciter le zèle par l'appât des gratifications.

Des instructions, imprimées en forme de placard, furent adressées aux uns et aux autres par M. de la Bourdonnaye, Intendant de la Généralité.

On lisait dans les instructions envoyées aux maisons hospitalières :

« Les circonstances où on se trouve exigeant qu'on renferme dans les hôpitaux une partie des mendiants et gens sans aveu qui inondent les campagnes et les villes et qui ôtent la subsistance aux vrais pauvres, les maréchaussées sont chargées expressément de les arrêter et de les conduire dans les prisons et les hôpitaux les plus prochains. Mais, comme il est à présumer que la certitude d'être nourris dans lesdits hôpitaux et la tranquillité dont ils y jouiront, leur feront plutôt désirer que craindre d'y être renfermés, il seroit nécessaire que les hôpitaux prissent des mesures pour leur rendre ce séjour dur et désagréable, en les nourrissant au pain et à l'eau seulement, et en les tenant aux fers et tellement resserrez qu'ils ne pussent sortir de l'endroit où on les mettra et qu'ils y fussent mal à leur aise.

« Mais comme les hôpitaux, dans un temps comme celui-ci, sont extrêmement chargez et n'ont pas même, pour la plupart, assez de place pour contenir beaucoup

de ces sortes de mendiants, on ne sera tenu de les garder
que 15 jours, après lesquels on les laissera sortir pour
faire place aux autres..... On exhorte les hôpitaux à
faire préparer quelque lieu propre à renfermer ces sortes
de gens, hommes et femmes, qu'on ne peut trop recom-
mander de traiter le plus sévèrement qu'on pourra, pour
leur ôter l'envie de se laisser reprendre, quand une fois
ils en seront sortis ».

En même temps, les brigades de la maréchaussée
furent invitées à arrêter, chacune dans son district, les
mendiants, vagabonds, gens sans aveu, coureurs de
nuit; à les conduire dans les hôpitaux, si c'étaient de
simples mendiants et gens sans aveu, qui n'avaient
commis aucun désordre ni violence; à les mener à la
prison royale la plus prochaine, si on les trouvait avec
des armes et demandant l'aumône avec insolence, ou s'ils
étaient convaincus ou même soupçonnés d'avoir menacé
et fait quelque désordre. S'il paraissait y avoir matière
à une instruction criminelle contre quelques individus
de cette seconde catégorie, le grand prévôt ou les lieu-
tenants de la maréchaussée étaient invités à ne point
perdre de temps pour procéder à des informations régu-
lières et à un jugement prévôtal, s'il y avait lieu ».

Pour les maréchaussées, ces instructions ne furent
point lettre morte ; et, en peu de temps, les prisons et
les hôpitaux furent remplis. Le nombre des mendiants
arrêtés dut être effrayant, à en juger par quelques états
de quinzaine qui nous ont été conservés pour une seule
brigade, celle de Tôtes.

On oubliait que, jusqu'alors, les prisons n'avaient

point été faites pour le châtiment, mais pour la détention des prévenus, en attendant leur jugement, et pour
celle des condamnés, en attendant l'exécution de la sentence portée contre eux. Elles ne pouvaient contenir la
multitude de prisonniers qu'on y entassait. Quant aux
hôpitaux, on prétendait leur imposer une charge écra-
sante, et on ne leur donnait rien. C'était, en effet, ne rien
leur donner, que de leur allouer pour une personne dé-
tenue, pendant 15 jours au *minimum*, une indemnité
de 5 l. en tout et pour tout, et cependant il n'était pas
permis d'ignorer qu'on avait affaire à des établissements
fort obérés. Ce qui ajoute à l'étonnement, c'est qu'on
entendait même laisser à leur compte les frais de construction et d'aménagement indispensables. Quand on
demande l'impossible, ce serait une grande simplicité que
d'être surpris de ne point l'obtenir. C'est le reproche
qu'on put faire à l'administration. Elle avait réclamé
des hôpitaux des sacrifices hors de proportion avec les
ressources dont ils disposaient. Dans ces conditions, il
était inévitable, ou que les mendiants ne seraient point
admis, ou bien qu'ils seraient renvoyés presque aussitôt
après leur entrée.

Le vagabondage reprit donc de plus belle, et bientôt
il devint une menace sérieuse contre la société. Plus
d'une fois, on vit avec effroi qu'il était au pouvoir d'un
homme déterminé, comme Cartouche ou Mandrin, d'at-
trouper des milliers de mendiants, de mettre une province en combustion et tout le royaume en alarmes.

C'est dans ces sanglants exploits, qui contrastent si
étrangement avec la civilisation brillante et raffinée du

dernier siècle, qu'il faut, je pense, chercher l'explication
de l'importance extrême que l'on attacha, vers ce temps-
là, à l'extinction de la mendicité.

En 1764, on résolut enfin d'attaquer le mal dans sa
source, en substituant à la peine du bannissement celle
des galères à temps pour les valides, et celle du renfermement, pendant le même temps, pour ceux que leur âge,
leur sexe ou leurs infirmités ne permettaient pas de con-
damner aux galères. Ce n'était plus que par la sévérité
des peines que l'on espérait retenir ceux qui, par fainéantise, embrassaient « un genre de vie, non moins contraire
à la religion et aux bonnes mœurs, qu'au repos et à la
tranquillité publique ».

On réputa vagabonds et gens sans aveu ceux qui,
depuis six mois révolus, n'auraient exercé ni profession
ni métier, et qui, n'ayant aucun état ni aucun bien pour
subsister, ne pourraient être avoués ni faire certifier de
leurs bonne vie et mœurs par personnes dignes de foi.

Une compétence particulière, en ce qui concernait ces
délinquants, était attribuée aux officiers de la maréchaussée.

La pénalité était ainsi réglée : pour les hommes valides de seize ans et au-dessus jusqu'à soixante-dix ans
commencés, trois années de galères ; pour ceux de soixante-dix ans et au-dessus, pour les infirmes, les filles
ou femmes, renfermement de trois années dans l'hôpital
le plus prochain.

Pour la première récidive, détention de neuf ans ; pour
la deuxième, détention à perpétuité.

L'application de ce règlement supposait des hôpitaux

où l'on pût recevoir des vagabonds, ou des maisons de force et de correction.

Dans la Généralité de Rouen, la première pensée de l'administration fut de s'adresser encore une fois aux hôpitaux généraux, notamment à celui de Rouen, encore connu sous le nom de Bureau des pauvres valides, marque évidente que sa création était due précisément à l'objet que le gouvernement se proposait.

Consultés par l'Intendant, les administrateurs de cet établissement ne manquèrent pas d'applaudir à la loi que la bonté paternelle du Roi voulait rendre pour délivrer la nation du brigandage des mendiants, loi qui, suivant eux, intéressait trop toutes les parties de l'Etat pour qu'elles ne se prêtassent point à seconder les vues bienfaisantes de S. M. à cet égard. Mais, en même temps, ils faisaient observer que, pour le succès de l'opération, il fallait des bâtiments considérables, qu'ils n'en avaient pas dont ils pussent disposer à cette fin, et que leurs revenus les mettaient hors d'état d'en construire. Bref, il leur paraissait convenable que l'Etat se chargeât seul de la dépense, d'autant mieux qu'il ne tarderait pas à être dédommagé par les avantages qu'il en tirerait. Les mendiants étaient des ennemis dans la société : il en ferait des *citoyens* (1). Ce ne seraient plus des bandits qui, dans une vie errante et vagabonde, feraient l'apprentissage du crime. Ce seraient des hommes qui embrasseraient des professions honnêtes et enrichiraient la Nation du produit de leur travail.

(1) Citoyen et Nation, ces mots étaient dès lors à la mode.

L'Intendant ne fit pas difficulté de reconnaître que ces excuses étaient fondées : il proposa au ministre de faire établir dans la Généralité, aux frais de l'Etat, plusieurs maisons de correction auxquelles on donna le nom de *dépôts de mendicité*.

Il en fut de même dans toutes les Généralités du royaume. Il se fit alors un essai, d'un genre nouveau quant à son application, bien que l'idée n'en fût pas nouvelle. Partout, l'extinction, ou, comme on disait, l'*opération* de la mendicité, fut considérée comme une charge de l'Etat, lequel dut y consacrer des sommes très importantes et construire dans ce but de vastes pénitenciers.

Toutefois on attendit, pour l'expédition des ordres aux maréchaussées, que ces pénitenciers improvisés fussent disposés de manière à répondre, tant bien que mal, à leur destination.

Ce ne fut guère qu'en 1768 que l'on commença, d'une manière sérieuse, dans ce pays, le renfermement des mendiants. C'est ce que je crois devoir conclure d'une lettre du contrôleur général de Laverdy, du 5 avril 1768, où il parle de « l'exécution que l'Intendant va donner ou qu'il a déjà donnée aux différents ordres qui lui ont été adressés pour le renfermement des mendiants et vagabonds dans la Généralité (1). »

Dans son livre « Des causes du bonheur public », ouvrage dédié au Dauphin, l'abbé Gros de Bosplas applaudit sans réserve à cette opération : « Nous de-

(1) Archives de la Seine-Inférieure. C. 1018.

vons, dit-il, une vive reconnaissance à notre souverain, qui vient de renouveler des ordonnances sévères contre cette dangereuse classe d'hommes sans aveu. Les maisons publiques qu'on va élever dans les villes pour les assujettir à des travaux seront le plus digne monument de la piété et de la vigilance de notre monarque » (1).

Il y eut, à l'origine, pour la Généralité de Rouen, trois dépôts, un à Caudebec, un autre à Evreux, un troisième à Rouen.

Le dépôt de Caudebec n'était autre chose qu'une maison qui appartenait à l'Hôtel-de-Ville : les échevins consentirent à la louer à l'Intendant moyennant un loyer de 200 l. par an (27 décembre 1765).

A Evreux, on ne trouva, pour le renfermement des mendiants, que la maison d'un boulanger, rue du Moulin-du-Château. On la loua moyennant 290 l. par an (15 octobre 1765) (2).

Ces deux dépôts furent toujours fort mal installés, étroits, malsains, peu sûrs, et on finit par les abandonner.

On fut plus heureux à Rouen. La suppression des Jésuites avait laissé libres les bâtiments du Noviciat, qui parurent très propres à la formation d'une maison de détention. On estima qu'on pourrait y loger plus de 400 mendiants en utilisant l'église, désormais sans emploi, et qu'il serait aisé de transformer en cachots à l'usage des mutins les souterrains qui avaient servi de

(1) Note à la page 577.
(2) Archives de la Seine-Inférieure. C. 1037.

bûchers. La dépense pour travaux d'appropriation n'était
évaluée qu'à 20,000 livres.

L'administration du collège, à qui le Noviciat avait
été remis dès 1763, entra dans les vues du gouvernement et lui fit l'abandon de cette maison moyennant un
loyer annuel de 1,000 l. On avait compté sans les héri-
tiers de la fondatrice, Mme d'Aubigny. Se fondant sur les
termes du contrat de fondation, ceux-ci revendiquèrent
la propriété de l'immeuble enlevé à sa destination primitive et firent reconnaître leur droit par le Parlement.

Cependant, sans attendre le règlement de l'indemnité
due aux représentants de Mme d'Aubigny, le gouvernement avait pris possession du Noviciat et l'avait fait
disposer par M. Dubois, ingénieur de la Généralité.
Avec les augmentations qu'il fallut faire, les prévisions
se trouvèrent singulièrement dépassées. Sous l'abbé
Terray, on approuva des devis qui s'élevaient à 225,562
livres. Il fut convenu que l'Etat paierait en trois annui-
tés les deux tiers de cette dépense, et que l'autre tiers
serait imposé sur la province, également en trois annui-
tés (Arrêt du Conseil d'Etat, du 25 avril 1774).

Sous le ministère de Turgot, on eut lieu de croire que
ces travaux ne seraient pas exécutés, et même que l'opération de la mendicité serait totalement abandonnée.

Dans l'opinion de cet homme d'Etat, les prisons suffi-
saient contre les mendiants. Plus célèbre que tout autre
pour son amour du bien public, il paraît cependant avoir
été plus raide et plus étranger à la sensibilité que la
plupart de ses collègues, et l'on comprend que Senac de
Meilhan ait dit de lui : « M. Turgot agissoit comme un

chirurgien qui opère sur les cadavres, et ne songeoit pas qu'il opéroit sur des êtres sensibles (1). » Voici un fait, entre autres, qui permet de juger de son caractère. Sept jeunes gens renfermés au dépôt de Rouen avaient pris des engagements pour le corps des ouvriers provinciaux, et l'Intendant avait proposé de leur accorder un secours de deux sous par lieue pour leur subsistance en route. Cette proposition fut rejetée : « Ces secours ont été, lui écrivit Turgot, fixés à un sou par lieue, et cela me paraît suffisant pour faire vivre cette espèce de gens. Il seroit d'une grande conséquence de l'augmenter (2) ».

Dès le 28 novembre 1714, il avait recommandé à l'Intendant de n'autoriser aucune construction nouvelle au dépôt de mendicité.

Plus tard, il lui écrivait qu'il trouvait bon qu'on destinât les bâtiments à former un corps de caserne et le chargeait d'en ordonner l'évacuation totale le plus tôt possible. Mais, en renonçant au dépôt de mendicité, il voulait garder l'imposition qui avait été ordonnée pour son agrandissement. Il pensait qu'il fallait la laisser subsister pour le temps qui avait été prévu, afin que le Roi ne perdît pas la contribution que devait la province aux dépenses immenses que cet établissement avait occasionnées (Versailles, 23 avril 1776).

Il y eut un changement de ministère, et dès le 28 mai 1776, l'Intendant était informé que l'intention du contrôleur général, M. de Clagny, était de conserver le

____

(1) *Du gouvernement, des mœurs en France avant la Révolution*, Hambourg, 1795, p. 150.

(2) Archives de la Seine-Inférieure. C. 1018.

dépôt de Rouen, comme indispensable pour la répression de la mendicité.

On reprit alors avec plus de rigueur que jamais l'exécution des mesures prescrites contre les mendiants.

Il est difficile d'admettre que l'humanité n'ait pas été offensée par les procédés qui furent mis en usage à cette occasion.

Bourdier de Beauregard, de l'Académie de Pau, accuse violemment l'administration à cet égard. Il se demande si « les ordonnances rendues contre les mendiants ont été exécutées avec toute la commisération que l'on doit à des hommes malheureux », et il répond : « On les a arrêtés sur les grands chemins, dans les places publiques. D'impitoyables archers les ont traînés sans miséricorde dans les prisons. Ils ont été entassés les uns sur les autres, confondus sans distinction avec des scélérats, et renfermés dans des forts inaccessibles à la pitié..... Enfin, on les a chassés avec une verge de fer. Semblables à des troupeaux de bêtes fauves, on les a fait entrer dans des parcs ou dans des repaires infects. J'ai frémi pour l'humanité, en comparant ces repaires aux chenils de nos grands seigneurs. L'homme y étoit bien moins soigné que l'animal qu'on y élève pour le plaisir.

« Souvent la rigueur s'est étendue sur des innocents, sur d'infortunés voyageurs, dont tout le crime étoit de manquer de ressources. Ces malheureux ont été plus d'une fois la proie de ces âmes voraces pour qui ces indignes captures étaient une source intarissable de gain (1) ».

Il y a sans doute de l'exagération dans ces reproches. L'auteur du mémoire visait à l'effet ; il n'a point trop mesuré la portée de ses paroles ; il s'est laissé entraîner par ce goût de la déclamation qui gâte toute la littérature de cette époque et en rend souvent la lecture à peine supportable.

Voici des témoignages plus sûrs, parce qu'ils émanent de personnes qui étaient en situation d'être bien informées et qui n'écrivaient pas pour le public.

Le subdélégué d'Evreux, M. de Dun d'Ireville, écrivait, le 5 décembre 1777, à M. Le Royer, subdélégué général :

« L'exécution de l'ordonnance contre la mendicité présente une rigueur effrayante. Pour prendre un état, il faut des moyens ou la ressource des travaux publics. Bien des pays ne présentent ni les uns ni les autres. Que deviendront des malheureux épuisés de travail, accablés sous le poids des années, ou élevés dans la fainéantise, et comment les forcer à se renfermer chez eux pour y mourir de faim ! »

Obligé par sa fonction de se conformer aux ordres de l'autorité supérieure, l'Intendant de Rennes ne le faisait pas sans gémir et sans adresser au ministère des plaintes

(1) *Les moyens de détruire la mendicité en France en rendant les mendiants utiles à l'Etat sans les rendre malheureux, tirés des Mémoires qui ont concouru pour le prix accordé en l'année* 1777, par l'Académie des Sciences, Arts et Belles-Lettres de Chalons-sur-Marne, 1780, p. 51.

touchantes en faveur des indigents que l'on traquait de tous côtés.

« Par l'ordonnance de 1778, écrivait-il, les cavaliers de la maréchaussée doivent arrêter non seulement les mendiants et les vagabonds qu'ils rencontrent, mais encore ceux qu'on leur dénonce comme tels ou comme personnes suspectes. Le citoyen le plus irréprochable dans sa conduite et le moins suspect de vagabondage ne peut donc se promettre de ne pas être enfermé au dépôt, puisque sa liberté est à la merci d'un cavalier de la maréchaussée, constamment susceptible d'être trompé par une fausse dénonciation ou corrompu à prix d'argent. Il arrive presque toujours que les détenus, arrêtés à 25 ou 30 lieues du dépôt, n'y sont enfermés que trois ou quatre mois après leur arrestation et quelquefois plus longtemps. En attendant, ils sont transférés de brigade en brigade dans les prisons qui se trouvent sur la route, où ils séjournent jusqu'à ce qu'il en soit arrivé un assez grand nombre pour former un convoi. Les hommes et les femmes sont renfermés dans la même prison, et il en résulte toujours que celles qui n'étaient pas grosses quand elles ont été arrêtées, le sont quand elles arrivent au dépôt. Les prisons sont ordinairement malsaines ; souvent, la plupart des détenus en sortent malades. »

Ainsi en était-il non seulement dans la Généralité de Rennes, mais dans celle de Rouen.

Partout on donnait la chasse aux mendiants de profession d'abord, et ensuite à ceux qui n'avaient pas de métier ou de profession, c'est-à-dire aux suspects.

Partout les maréchaussées avaient été mises en action,

et leur zèle était stimulé au moyen de la promesse d'une gratification de trois livres par capture pour chaque brigade, à condition toutefois que la personne arrêtée fût dans le cas d'être envoyée au dépôt (1).

Saisis par les cavaliers, les vagabonds pouvaient être l'objet d'un jugement prévôtal ; mais, contre eux, une ordonnance prévôtale suffisait. Il semble même, qu'en certains temps, l'ordonnance ait été préférée comme formalité plus sommaire et qui entraînait moins de frais.

D'Invau s'en explique clairement à l'Intendant dans une lettre au sujet d'un nommé Gorin, auvergnat, qui avait été arrêté par la brigade de Neufchâtel. C'était la seconde fois qu'il était pris, preuve certaine de *vaga-bonage* (2), d'autant plus qu'il n'avait que vingt-et-un

(1) Etats des gratifications : avril 1786, au lieutenant de Rouen, 13 l. 5 s. ; à celui d'Evreux, 15 l. 10 s.; Juillet 1786 : au lieutenant de Rouen, 33 l. 15 s. ; à son greffier, 27 l. ; à la brigade de Rouen, 54 l. ; à celle de Gournay, 9 l. ; à celle de Dieppe, 9 l.; à celle de Tôtes, 9 l.; Octobre 1786 : au lieutenant de Rouen, 178 l. ; à celui de Caudebec, 21 l.; Janvier 1787 : au lieutenant de Rouen, 31 l. 5 s. ; à son greffier, 25 l. ; à la brigade de Rouen. 66 l. ; à celle de Neuf-châtel, 9 l.; Avril 1787 : au lieutenant de Rouen, 15 l. ; au greffier, 12 l.; à la brigade de Rouen, 27 l. ; à celle de Tôtes, 3 l. ; à celle de Neufchâtel, 3 l. ; à celle de Dieppe, 3 l. ; au lieutenant d'Evreux, 34 l. 15 s.; à son greffier, 27 l. ; à la brigade d'Evreux, 30 l. ; à celle de Vernon, 24 l.; à celle de Lyons-la-Forêt, 6 l.: à celle du Vaudreuil, 6 l.; à celle de Louviers, 3 l.; à celle de Magny, 6 l. ; à celle de Saint-André, 3 l.; Octobre 1788 : au lieutenant de Rouen, 178 l. 10 s. ; au lieutenant d'Evreux, 94 l. 10 s.; Janvier 1789, au lieutenant de Rouen, 178 l. 10 s.; au lieutenant d'Evreux, 84 l.; Avril, au lieutenant de Rouen, 162 l. 15 s.; Juillet, au lieutenant de Rouen, 183 l. 15 s. ; à celui d'Evreux, 73 l. 10 s.

(2) On disait alors, en style administratif, plus souvent *vagabonage* que *vagabondage*.

ans, était valide et par conséquent très en état de travailler. « Les faits vérifiés, écrit le ministre, il conviendroit de prévenir le lieutenant de maréchaussée que cet homme doit être jugé et puni suivant toute la rigueur de la loi et être condamné aux galères, de même que tous ceux qui, étant valides, seront convaincus de récidive après avoir été mis en liberté ou s'être évadés des dépôts. Quant aux invalides, comme la peine des galères ne peut avoir lieu à leur égard, et qu'il n'y a d'autre peine à leur infliger que celle du renfermement, ce qui peut se faire par une ordonnance, de même que par un jugement prévôtal, il convient d'éviter les longueurs et les frais de l'instruction prévôtale, et de s'en tenir à la voie de la simple ordonnance (1) ».

Encore si, dans le trajet, on eût trouvé des prisons spacieuses et aérées ! Mais toutes, sans exception, étaient absolument insuffisantes pour la population qu'elles devaient recevoir.

A Caudebec, en 1770, treize mendiants, détenus dans la prison depuis trois à quatre mois, y périssaient par la puanteur qui y régnait, couchant trois et quatre dans un même cachot, et, pour ainsi dire, les uns sur les autres. Dans ce cachot se trouvait une femme ; elle y était accouchée et avait donné la mort au nouveau-né. La contagion avait gagné l'appartement du geôlier : trois de ses enfants étaient morts du pourpre.

Le 10 juillet 1776, M. Girard, greffier de la maréchaussée à Evreux, écrivait au secrétaire de l'Intendant :

(1) Archives de la Seine-Inférieure. C. 1014.

« Les prisons de notre ville sont pleines de mendiants
et vagabonds, et la maladie y est. En voilà quatre à
cinq qui viennent de mourir, ce qui donne un peu l'al-
larme à la ville. » Il ajoutait : « Nous engageons
M. l'Intendant à écrire de nouveau à M. le Controlleur
général pour qu'il fasse passer des ordres à l'effet de
faire conduire dans des charrettes tous les mendiants et
vagabonds qui sont dans le cas d'être enfermés au dépôt
général de votre ville et qui ne peuvent y estre transférés à pied. Il est d'autant plus urgent de vuider nos
prisons qu'il y a bien une trentaine de ces gens-là qui
ont esté arrestés par les brigades de cette lieutenance, et
que l'on retient, en attendant, dans les prisons de Louviers et de Vernon et autres. D'ailleurs le bruit que l'on
fait courir qu'il y a dans nos environs une bande de vo-
leurs et d'assassins, détermine les brigades et même les
gens de la campagne à arrêter tous ceux qui leur parais-
sent suspects. Cependant, il y a plus de bruit que de mal,
et j'ose espérer que le calme et la tranquillité dans les
esprits alarmés ne tarderont pas à se rétablir (1) ».

La réponse ne fut pas favorable à la demande. Il n'y
avait point de voitures dont on pût disposer. Il fallut
envoyer les mendiants à pied, en les faisant escorter de
brigade en brigade.

Au commencement, la fourniture des voitures se faisait par corvées. Plus tard, on en chargea l'adjudica-
taire des convois militaires.

On ne donnait aux mendiants ainsi transférés que la

(1) Archives de la Seine-Inférieure. C. 1037.

paille dans les prisons avec le gîte et le geôlage, et deux livres et demie de pain bis pour leur nourriture (1).

En 1788, on crut pouvoir se dispenser de soumettre à ces translations les mendiants arrêtés pour la première fois. Plusieurs circonstances, l'ignorance même des règlements, pouvaient les excuser. Par une raison contraire, on fut invité à laisser dans les prisons où ils avaient été renfermés, les mendiants et vagabonds d'habitude et récidivistes, pour lesquels il n'y avait aucune chance d'amendement. La translation ne fut recommandée qu'à l'égard de ceux qui avaient été pris pour la deuxième ou la troisième fois, parce que, pour ceux-ci, la détention devait être de six mois, et encore fallait-il faire exception en faveur des femmes et des enfants.

Cette même année, il fut prescrit de ne point laisser à l'avenir séjourner plus de huit jours dans les prisons de leur résidence, les mendiants et vagabonds condamnés par ordonnances ou par jugements prévôtaux à être renfermés au dépôt de Rouen. En conséquence, les officiers de la maréchaussée étaient tenus de faire chaque semaine. aux jours de correspondance de leur district, le transfèrement des mendiants et vagabonds condamnés. Les valides étaient transférés à pied. Pour les autres, la fourniture était ainsi réglée : un cheval pour un seul mendiant ; une voiture à un cheval pour deux ou trois mendiants ; une voiture à deux chevaux pour quatre, cinq et six mendiants ; une voiture à trois chevaux pour un plus grand nombre (2).

(1) Archives de la Seine-Inférieure. C. 1037.
(2) Archives de la Seine-Inférieure, C. 1018.

Le dépôt de mendicité fut et resta soumis à l'autorité de l'Intendant, nonobstant les réclamations de l'autorité judiciaire, notamment du Parlement (1).

Voici ce qu'on lit, à ce sujet, dans une lettre du Contrôleur général au Procureur général :

« Tant que le Roy se chargera de la dépense qu'occasionnera cet établissement, il est impossible que son administration soit confiée à personnes autres que MM. les Intendants.

« En effet, eux seuls ont eu jusqu'à présent l'administration des finances du Roy dans les provinces, et l'intention du Roy ne sera jamais de la confier à d'autres. D'un autre côté, l'objet le plus intéressant que S. M. se propose dans ces établissements est d'y former des genres de travaux pour les renfermés, qui puissent diminuer la dépense de leur nourriture et entretien et détruire en eux l'esprit de paresse et de fainéantise qui les entraîne dans le désordre et l'inutilité.

« MM. du Parlement doivent sentir le danger qu'il y auroit que le Roy ne se déterminât à ouvrir les portes des dépôts et à abandonner, pour la Normandie, une opération que sa seule bonté pour ses peuples et l'amour de l'ordre lui avoit inspiré. »

(1) On avait réglé, vers 1788, qu'un individu qui serait envoyé pour la première fois au Bureau y resterait six mois ; que la détention serait de deux ans pour une première récidive ; de trois ans pour une seconde. On mettait pour condition à la libération, que le détenu eût au moins six livres amassées par son travail pour suffire à ses frais de route. Mais souvent on constata que ces six livres étaient dépensées au cabaret le jour même de la sortie. Archives de la Seine-Inférieure, C. 1020.

Et dans une autre lettre :

« C'est à MM. les Intendants que le Roy a confié le soin de toute cette opération. C'est à eux d'y mettre toute la sûreté d'un côté et, de l'autre, l'économie qui dépendra d'eux. Mais l'intention du Roi n'est pas de les arrêter sur aucun des objets qui peuvent tendre à son succès, et l'économie sera toujours subordonnée à la nécessité des précautions convenables que MM. les Intendants auront jugées telles. » 1767 (1).

Ce fut en conséquence de ce principe que le Contrôleur général ne voulut pas admettre que le concierge du dépôt prêtât serment devant l'autorité judiciaire, ainsi que le demandait le Procureur général. Il lui paraissait plus convenable que, nommé par l'Intendant, le concierge prêtât serment ou entre les mains de cet adminis-

______

(1) L'Intendant se rendait compte des motifs des détentions, de la conduite des détenus, et prononçait leur élargissement, sur le vu de leurs déclarations reçues par son subdélégué, et de leurs soumissions.

Ces deux actes étaient conçus en cette forme :

Déclaration faite le 5 août 1788 par un mendiant se nommant..... détenu en vertu..... dans la maison servant de dépôt. — Signalement. — Le cinq aoust..... Nous subdélégué de Mgr l'Intendant à la Residence de Rouen, nous étant transporté dans le dépôt pour y faire notre visite ordinaire, avons fait comparaître par devant nous....... auquel nous avons dit qu'il eût à nous déclarer son véritable nom, le lieu de sa naissance et son dernier domicile, quels sont ses parents, depuis quel temps il mendioit, les causes qui l'y ont obligé, la profession antérieure qu'il avoit, celle qu'il pourroit reprendre, les ressources qu'il pourroit se procurer pour subsister, dans quel endroit il comptoit se retirer, les personnes qui pourroient certifier de ses vie et mœurs, répondre de lui et lui fournir l'argent pour s'y rendre, pour, suivant la vérification qui sera faite de ses déclarations, lui être par Mgr l'Intendant accordé sa liberté, s'il y a lieu, ou, au contraire,

trateur ou entre celles de son subdélégué (Lettre de l'Intendant à Miroménil, 29 février 1768.)

Vainement, en 1775, M. de Belbeuf, procureur général au parlement, voulut profiter d'une sédition qu'il attribuait à la conduite du concierge, pour obtenir que le dépôt central rentrât sous l'autorité de la Cour et des Notables de la ville. Jusqu'à la fin, l'Intendant, au point de vue de la direction, demeura le maître du dépôt. Mais ce serait se faire une fausse idée de cette maison de correction, que de supposer qu'elle servît à l'exécution des ordonnances de ce haut magistrat.

Les fonds affectés à l'opération de la mendicité étaient assez considérables. En 1784, ils furent de 1,000 l. pour le mois de mai, 3,000 pour le mois de juin, 4,000 pour le mois de juillet, 5,000 pour le mois d'août, 5,000 pour le mois de septembre.

en cas de fausse déclaration, être procédé contre lui suivant toute la rigueur des Ordonnances. »

Soumission. « Je soussigné..... supplie M. l'Intendant de vouloir bien ordonner que le nommé..... présentement détenu pour être contrevenu aux ordres du Roi qui proscrivent la mendicité, soit mis en liberté, promettant de veiller à ce qu'il ne mendie plus..... qu'il travaille et se conduise en homme de bien et même de lui procurer de l'occupation, s'il n'en peut trouver ailleurs ; me soumettant, en outre, dans le cas où le déclarant seroit retrouvé mendiant de payer la somme de 100 livres au payement de laquelle je m'oblige par les voies et comme pour les affaires de S. M. ».

Des passeports étaient délivrés par l'Intendant aux mendiants libérés ; leur route y était tracée, le temps de séjour y était fixé, ainsi que celui de l'arrivée à destination. Ces passeports, qui devaient être présentés aux maires, échevins ou syndics des localités, devaient être retournés par leurs soins à l'Intendant. — Archives de la Seine-Inférieure, C. 1013.

Ceux qui étaient affectés aux ateliers de charité, en vue de prévenir la mendicité, étaient plus importants. Ils furent de 77,600 l. en 1787, de 87,000 l. en 1788 et en 1789.

Ils étaient « accrus par les contributions volontaires des propriétaires ou des communautés qui réclamaient des ateliers de charité. La proportion déterminée pour cette contribution était du tiers aux deux tiers. » Ainsi, aux 77,600 l. de 1787, il faut ajouter 29,561 l., formant un total de 107,561 l. sur lequel il n'y avait à prélever que 2,000 l. de gratifications pour les ingénieurs (1).

Il nous reste maintenant à pénétrer dans l'intérieur du dépôt de mendicité et à en étudier le régime.

A s'en rapporter aux plaintes de quelques écrivains, on se ferait la plus triste idée du régime des dépôts de mendicité.

Romans de Coppier, dans un Mémoire publié par extrait en 1780, en trace un tableau des plus lugubres :

« Mon cœur, s'écrie-t-il, s'est attristé de voir la partie économique des mendiants livrée à des traitans, âmes viles et intéressées, vampires que la plus sévère inspection n'empêche pas de se gorger du sang des misérables dont on leur a confié la subsistance. A quoi sert d'avoir aboli la servitude ! Vous la faites regretter à ces infortunés, en les livrant à l'avidité des entrepreneurs.

(1) Rapport des travaux de la Commission intermédiaire de Haute-Normandie, depuis le 20 décembre 1787 jusqu'au 27 juillet 1790, p. 49, 53, 54.

« Les pauvres, entassés dans des endroits trop cir-
conscrits, mal nourris, mal vêtus, sont accablés de travail et de mauvais traitements, quand ils ne fournissent
pas leur tâche. Deux ou trois mille malheureux, pressés
les uns sur les autres, opprimés de leur misère, de leur
haleine mortelle, de la vermine qui les ronge, d'une rage
étouffée qui les suffoque, gémissent autant de fois qu'ils
respirent. Plusieurs de nos dépôts sont l'image de
l'enfer (1) ».

C'est sans doute à Bicêtre que Romans de Coppier
faisait allusion. Les deux salles de force affectées aux
mendiants dans cette immense prison, sont, en effet,
signalées par un auteur dont la sincérité ne saurait être
suspecte, comme des lieux d'horreur et de misère, où les
prisonniers s'infectaient les uns les autres et semblaient
exclus de tous les genres de secours que l'humanité ac-
cordait aux criminels (2).

L'analogie de destination fit de très bonne heure donner
au dépôt de mendicité de Rouen le nom de Bicêtre ou de
Petit-Bicêtre (3) ; mais, autant qu'il m'a semblé, le
Bicêtre de Rouen fut toujours dans de meilleures conditions que celui de Paris.

Assurément, on s'y était pris de manière à ce que les
détenus y fussent très malheureux.

(1) *Les moyens de détruire la mendicité en France*, p. 50, 51.
(2) *Tableau de l'humanité et de la bienfaisance, ou Précis his-
torique des charités qui se font dans Paris*, 1769, p. 24, 25.
(3) Ce nom est donc plus ancien que ne l'a pensé M. Vingtrinier
(*Essai sur les prisons*). Lettres de parents qui demandent la prolon-
gation et la détention de détenus dans le Petit Bissêtre, 1771, 1782.
(Archives de la Seine-Inférieure, C. 1015).

« Un dépôt de mendiants est, de sa nature, comme l'écrivait l'Intendant au Procureur général, une maison de correction. C'est une prison où les renfermés subissent la peine de la captivité. L'idée de dépôt répugne à celle de l'hôpital. Ce ne sont pas des pauvres malades que doit renfermer un dépôt, puisque la maladie est une excuse de la mendicité. Ce sont des vagabonds en état de travailler, rebuts de la société, qu'un penchant invincible pour la paresse et la vie errante rend capables de tous les crimes. C'est pour purger le royaume de ces hommes dangereux et en tarir la source en les assujettissant à la captivité et au travail que les dépôts sont institués ».

Mais, prison pour prison, le dépôt de Rouen était préférable aux geôles de cette ville et même à la plupart de celles du royaume dont on peut lire la description dans l'ouvrage émouvant de l'anglais Howard.

Je m'empresse de dire que, ceci même admis, il y a lieu à des critiques très fondées sur la manière dont l'administration de cet établissement fut entendue pendant un certain temps.

Et d'abord, le gouvernement n'affecta que des fonds insuffisants à l'œuvre entreprise, dont les difficultés ne lui avaient certainement pas apparu au début. L'on peut aussi lui faire le reproche d'avoir plus compté sur l'effet produit par le châtiment, que sur la moralisation, à l'aide de l'enseignement religieux et de la pratique du dévouement, bien qu'il y ait un péril social évident à proclamer l'impossibilité de ramener au devoir ceux qui ont pris l'habitude de s'en tenir éloignés.

Ainsi rien ne me paraît moins digne de l'administration d'un grand pays que cette prétention, nettement exprimée par le Contrôleur général de L'Averdy, d'obtenir pour rien ou à peu près les exercices religieux à l'usage des détenus.

« J'ay cru, écrivait-il à l'archevêque, le 29 décembre 1767, que ce seroit diminuer le mérite des ecclésiastiques, que d'y assigner des appointements pour cet objet. D'ailleurs, le Roy ayant à faire des dépenses considérables pour la capture, le logement, la nourriture et l'entretien de ces gens, il ne lui est pas possible d'en faire de nouvelles pour les appointements des aumôniers. Mais j'ay trop d'opinion des ecclésiastiques qui sont sous vos ordres pour ne pas croire que vous n'en trouviez aisément qui se porteront à ces fonctions, par les seuls motifs de piété et de charité ».

Cependant, il avait fini par offrir 200 l. par an pour la célébration des offices les dimanches et fêtes, pour la récitation de la prière matin et soir, et pour des instructions à faire, une fois chaque semaine, au dépôt de Rouen.

Les Capucins refusèrent net de se charger de ce service ; le clergé et la fabrique de Saint-Vivien ne montrèrent pas plus d'empressement à seconder les vues du ministre, malgré les démarches de l'archevêque et de M. Marescot, son vicaire-général. Tout ce que ceux-ci purent obtenir, ce fut que l'on acquitterait dans la chapelle du dépôt une des messes qui avaient été fondées à

Saint-Vivien, et que cette église prêterait quelques ornements pour le service divin (1).

Le dépôt de Caudebec était contigu à la prison royale. Il fut décidé qu'on transfèrerait dans la chapelle du dépôt la messe qui se disait d'ordinaire à la prison, ainsi qu'une autre qui était célébrée en la chapelle Saint-Crespin, de l'église de Caudebec, conformément à une fondation d'un prêtre de cette ville, Nicolas Le Carpentier, en 1713 (2).

Pour le dépôt d'Evreux, l'évêque, qui dès ce temps-là se plaignait de manquer d'ecclésiastiques, chargea quelques prêtres de bonne volonté d'aller, chacun à leur tour, célébrer la messe dans la maison des détenus les dimanches et fêtes ; il pria en même temps les curés et les vicaires de la ville d'y aller faire des instructions, en s'aidant des séminaristes (3).

Ni l'archevêque de Rouen, ni l'évêque d'Evreux n'avaient dissimulé au Contrôleur général ce qu'il y avait de peu raisonnable dans ses exigences. L'abbé Terrisse exprime nettement son avis à ce sujet dans deux lettres du 22 mai 1768 et du 15 août 1769, dont nous rapporterons quelques lignes : « Je désirerois que M. le Contrôleur général pensât comme moy, qu'on ne fait point le bien sans qu'il en coûte un peu d'argent, et que ce qui se fait gratuitement est ordinairement assez mal exécuté. Ainsi va le monde. » « Le projet du ministre

____

(1) Archives de la Seine-Inférieure. C. 1037.
(2) *Ibid.* C. 1036.
(3) *Ibid.* C. 1037.

de faire desservir les maisons de dépôts gratuitement ne
peut pas avoir d'exécution, parce qu'il est de première
nécessité qu'un prêtre ait de quoi vivre. » Partant de ce
principe, il sollicitait, comme compensation à un traitement légitimement acquis et que pourtant on refusait,
des secours, bien modérés, pour l'aumônier du dépôt de
Caudebec, M. Dumouchel, lequel s'était sacrifié au service des détenus et avait contracté dans l'air empesté
du dépôt une grave maladie. Il ne cachait pas sa surprise
de voir que, tandis qu'on donnait 900 l. à un concierge,
des honoraires à un médecin, on refusât tout à un
prêtre, en abusant contre ce dernier du prétexte de la
charité, que pour soi l'on entendait si mal.

Ce ne fut qu'au bout de plusieurs années d'une expérience malheureuse, que le gouvernement se rendit à
l'évidence et comprit la nécessité d'assurer un traitement
aux aumôniers des dépôts.

Celui de Rouen, nommé en 1772 par l'Intendant, avait
400 l. par an ; il eut plus tard 600 l.

On croira sans peine que la chapelle fut traitée avec
les mêmes égards que l'avait été l'aumônier. Elle fut
toujours des plus modestes ; on en jugera par les frais
d'appropriation du local, qui furent de 470 l. en 1782 (1).

On avait bien sous la main l'ancienne église du noviciat des Jésuites, que l'on vient de démolir, et dont un
dessin de notre confrère M. Adeline conservera du moins
le souvenir ; mais on l'avait transformée en lieu de
détention.

(1) Archives de la Seine-Inférieure, C. 1046.

Si l'on visait à l'économie pour le culte, on ne se montra guère plus large pour tout le reste.

Les détenus étaient nombreux, et pour les garder, il n'y avait qu'un concierge, ancien soldat, aux gages d'abord de 1,200 l., plus tard de 2,000, avec deux guichetiers et deux chiens (1). Il pouvait, en cas de besoin, avoir recours à la troupe dont les casernes n'étaient pas loin. Dans les derniers temps on adjoignit à l'établissement un corps de garde qui donna lieu à des abus. Il fallait surveiller, en même temps que les détenus, les soldats du poste, qui, trop souvent, ne se faisaient pas faute de procurer de l'eau-de-vie aux prisonniers et d'exciter les femmes à la débauche (2).

Pendant plusieurs années, le dépôt de Rouen fut mis en parti. Un nommé Chevremont avait traité, le 12 mai 1772, de la subsistance et de l'entretien des renfermés,

(1) Le premier concierge fut un nommé Nicolas-César-Alexandre Mondré, cavalier de la maréchaussée, âgé de vingt-sept ans. Il devait tenir deux registres cotés par le subdélégué. Le premier destiné à inscrire en la forme ordinaire les écrous de ceux qui seraient conduits dans le dépôt en vertu de jugements de condamnation avec mention du terme fixé par le jugement ; le deuxième, destiné à inscrire les noms de ceux qui avaient été amenés au dépôt par forme de correction. Il avait à sa disposition deux guichetiers aux gages de 300 l. pour eux deux, sans compter 300 l. pour leur nourriture, 400 l. pour bois et chandelle, 150 l. pour la nourriture de deux chiens. Il lui était permis, comme à tous les concierges, de vendre des boissons. Il eut pour successeur Jean Chieusse, ancien sergent au régiment de Champagne.

(2) Autre abus signalé au dépôt de mendicité, les prêts usuraires entre personnes ; pour 12 sous, 6 sous d'intérêt par semaine ; passion effrénée pour le jeu.

moyennant 7 s. par jour la première année et 6 s. les autres années.

En 1785, on résilia le traité fait avec Jacques-Simon Heutte, et à partir de ce moment, le dépôt fut régi, au compte du Roi, par un directeur, aux gages de 2,000 l. chaque année. On fit choix de M. J.-B. Petitjean, auquel on adjoignit deux inspecteurs pour diriger et surveiller les opérations, l'un et l'autre désignés par l'Intendant : M. Louis Flambart, chevalier de Saint-Louis, lieutenant de la maréchaussée, et Michel-Nicolas Turgis, assesseur criminel au bailliage de Rouen et subdélégué-adjoint de l'Intendance.

Quelques mois après sa nomination, le 22 octobre 1785, M. Petitjean était nommé par le ministre régisseur du dépôt de Bordeaux, et remplacé à Rouen par M. Marie de Sainte-Colombe, qu'il fallut bientôt révoquer. L'Intendant redemanda alors M. Petitjean. Il ne put l'obtenir ; on lui envoya à sa place M. Rulion, qui passait pour un homme d'un mérite distingué et de la plus parfaite probité (1).

Mois par mois, l'Intendant faisait parvenir au ministre l'état de régie économique du dépôt, ainsi que celui des mendiants détenus, et, c'est justice à rendre au directeur général, il y prêtait la plus grande attention.

Dans une lettre du 8 avril 1789, ce haut fonctionnaire fait observer que plusieurs mendiants étaient détenus au-delà du terme prescrit par le règlement, et la plupart en vertu d'une ordonnance prévotale illimitée, sans que

_____

(1) Il donna sa démission le 10 mai 1792.

la colonne d'observation fît mention des motifs de ces longues détentions.

L'Intendant dut alléguer, pour sa justification, qu'il lui avait paru nécessaire d'être fort réservé sur l'article des libertés pendant la rigueur de l'hiver et depuis la cherté excessive des grains, à raison de l'interruption des travaux de toute espèce et de la formation d'attroupements redoutables dans le pays de Caux.

Pour donner aux détenus des habitudes de travail, on les employait à une filature qui avait été créée dans le dépôt et qui était en même temps une ressource pour l'administration, ressource toutefois assez peu considérable, parce que cette filature ne fut jamais florissante. On payait, en 1789, 700 l. au commis de la manufacture, 300 l. à l'estimateur, 300 l. au contre-maître.

Même à l'égard des mutins, on avait renoncé aux peines afflictives autrefois en usage, et que bien des Etats d'Europe ont encore conservées. On n'employait contre eux que le régime au pain et à l'eau, le cachot et les fers.

En 1775, on distribuait chaque jour à chaque renfermé une livre et demie de pain de froment, dans lequel entrait un tiers de seigle, et une portion de soupe ou de riz.

En 1789 encore, il n'y avait que les malades qui eussent droit au pain blanc.

Quelques adoucissements pouvaient venir aux détenus par suite d'aumônes des personnes charitables ou d'économies, fruit de leur travail, et dont il leur était tenu un compte exact.

Dans les derniers temps, le prix de la journée de chaque détenu était évalué à 6 sous 3/4 de deniers.

D'abord et pendant bien des années, il n'y eut qu'un lit pour deux renfermés. Un règlement général, où respire cet esprit d'humanité qui caractérise les dernières années du règne de Louis XVI, imposa l'obligation de fournir une couche à chaque renfermé. Pour se conformer à la volonté du Roi, on dut, au dépôt de Rouen, partager quatre-vingt-six lits en deux couches que séparait une planchette de chêne, encastrée à rainure et clefs dans les deux planches de la tête et des pieds.

Le même règlement se montra plein de sollicitude pour les enfants, qu'on avait jusque-là laissés confondus avec les autres renfermés, ce qui avait donné lieu à de cruelles vexations et à d'abominables abus. A Rouen, on plaça les enfants dans un dortoir de l'infirmerie des hommes, et on les mit sous la direction d'un renfermé d'un caractère doux, capable de leur inspirer des principes d'honnêteté, et auquel, comme récompense, on faisait espérer sa libération prochaine. Dans ce trait, il y a l'indice d'un retour aux sentiments d'humanité, mais, en même temps, celui d'une imperfection très regrettable quant aux moyens de surveillance et de moralisation (1). Le vœu du gouvernement eut été, il est vrai, de mettre en pension les enfants en bas âge : mais les œuvres admirables dont nous jouissons présentement, sans en sentir tout le prix, n'existaient pas, et il était impossible d'obtenir des laboureurs qu'ils se chargeassent d'enfants,

(1) Lettre de Rulion à l'Intendant, du 13 décembre 1788.

dégradés par la mauvaise éducation qu'ils avaient reçue.

Des loges pour les insensés avaient été construites au dépôt de mendicité de Rouen dès 1773, et c'est encore là un objet qui prête à de tristes réflexions.

D'après une lettre de Terray, du 24 novembre de cette année, on y devait recevoir gratuitement les aliénés qui étaient sans ressources personnelles, et l'on pouvait exiger une pension des familles qui étaient en état de la fournir, pour les sujets de cette espèce dont elles sollicitaient la détention.

Il faut croire que ces loges n'étaient pas en nombre suffisant, puisqu'une lettre de l'Intendant à M. Bertier, du 2 août 1776, indique qu'on était obligé de tenir les fous avec les autres renfermés.

Il est certain que, postérieurement, on construisit quelques nouvelles loges, toutes en pierre de taille, et fermées de fortes portes, bien ferrées.

Il faut bien le dire, quoique ce soit un fait lamentable, les mêmes loges servaient aux fous, qui étaient dignes de pitié, et aux coupables qui méritaient de sévères châtiments.

On ne saurait douter qu'elles ne laissassent infiniment à désirer. Dans une lettre d'octobre 1788, l'Intendant avoue que trois prisonniers y étaient morts, ce qu'il explique en disant qu'ils y étaient entrés plus ou moins malades.

Au commencement, les malades du dépôt étaient envoyés à l'Hôtel-Dieu, où on les recevait de mauvaise grâce, et d'où on les laissait volontiers s'évader. Les six sous par jour que l'administration payait pour un détenu malade n'étaient pas une rétribution assez avantageuse pour qu'on fermât les yeux sur la qualité des sujets envoyés en traitement.

On finit par organiser au dépôt un service médical et des infirmeries, mais cette partie du service, comme toutes les autres, ne s'améliora que lentement.

Il résulte d'un état de 1777 que, sur cinq cent vingt-et-une personnes qui furent renfermées dans le dépôt, cette année-là, il y eut quatre-vingt-six morts, ce qui faisait près d'un sixième. On faisait observer que le plus grand nombre des victimes étaient des vieillards envoyés du dépôt de Saint-Denis, et qui étaient arrivés à Rouen au nombre de plus de cent vingt, la plupart exténués par les fatigues de la route. Le changement d'air et de nourriture les avait achevés.

Ce serait pousser bien loin l'indulgence à l'égard de l'administration, que de trouver dans cette explication une justification suffisante. On peut du moins attacher une certaine importance à cette attestation qu'on n'avait reçu au dépôt aucunes femmes enceintes, et qu'on s'engageait, dans le cas où il s'en présenterait, à les envoyer faire leurs couches à l'Hôtel-Dieu et à mettre leurs enfants à l'Hôpital général.

Dans les derniers temps, le service médical du dépôt était confié au meilleur médecin de Rouen, le célèbre Lepecq de la Clôture, et à M. Marc, chirurgien. Rien ne saurait indiquer plus clairement le progrès qui s'était accompli.

Le premier tenait très exactement l'Intendant au courant de l'état sanitaire du dépôt, et il est à remarquer que, grâce sans doute aux bons soins de l'un comme de l'autre, cet établissement fut moins ravagé par les épidémies que les prisons et les casernes (1).

M. Marc, docteur en médecine, avait été nommé chirurgien du dépôt par l'Intendant, au mois de juin 1783. Sa commission fut renouvelée le 9 novembre 1787 (2).

On aurait peine à croire, si l'on n'en avait la preuve, qu'en 1790, lorsque ce praticien pouvait justifier de sept années d'un exercice irréprochable, le Collège des chirurgiens de Rouen ait eu la prétention de lui faire défense d'exercer la chirurgie, sous prétexte qu'il n'avait pas été admis à la maîtrise. C'est un fait à rapprocher des tracasseries qui furent faites à Lecat, bien que Lecat ait été l'honneur de la chirurgie dans cette ville. Et dire que ces chirurgiens qui invoquaient des privilèges surannés contre un confrère, s'étaient tous ligués, au nom de la liberté, contre les médecins, lesquels, pour eux, étaient les vrais aristocrates !

On payait, en 1789, 400 l. par an au médecin du dépôt, 600 l., plus 96 l. de chauffage au chirurgien. Cette différence de traitement se conçoit par cette considération que le médecin n'était tenu qu'à faire des visites réglées dans le dépôt, tandis que le chirurgien y avait son logement et devait y faire un séjour continuel.

Il se produisit plusieurs faits de révolte au dépôt de mendicité.

(1) Lepecq fut destitué le 23 janvier 1793.
(2) Marc fut destitué le 19 janvier 1793.

En 1773, ce fut à l'occasion du travail auquel on voulait assujettir les détenus vis-à-vis du nouvel entrepreneur. Le bénéfice que le concierge tirait du travail fut la cause de la rébellion. Il fut reconnu que ce concierge donnait prise à des soupçons d'avarice et de mauvaise conduite : on le congédia.

Autre révolte en mars 1775 : cette fois on fut obligé d'appeler les grenadiers.

Entourés par les mutins qui, après avoir tout brisé, menaçaient de les assommer, ils tirèrent à balle après avoir tiré à blanc. Deux mendiants tombèrent grièvement blessés : l'un d'eux ne tarda pas à mourir.

Cette affaire donna lieu à un procès contre les révoltés. Un jugement du Bailliage condamna les plus coupables à être renfermés de nouveau dans le dépôt. Autant valait dire qu'on ne changeait rien à leur situation, et cette sentence fut confirmée par un arrêt du Parlement, avec intention évidente de faire pièce à l'Administration. Turgot, irrité et de la sentence et de l'arrêt, trouva un moyen simple d'aggraver la peine : il donna ordre de faire transférer, de brigade en brigade, les neuf coupables au dépôt de Saint-Denis.

En 1779 encore, on fut obligé de faire venir un détachement de soldats pour réprimer un mouvement qui commençait à devenir inquiétant.

Le 30 mars 1787, un renfermé, repris de justice, coupable d'avoir donné un coup de couteau, fut condamné par jugement prévôtal et en dernier ressort, aux galères à perpétuité, marqué G. A. L. d'un fer chaud sur l'épaule gauche dans la cour des renfermés du dépôt.

Ces faits de rébellion se produisirent assez rarement, et il y a lieu de s'étonner de leur rareté aussi bien que de leur peu d'importance, quand on réfléchit à la faible dépense que le gouvernement voulait faire pour la sûreté et pour la police du dépôt.

Le système appliqué contre les mendiants ne laisse pas cependant d'avoir été un fait très considérable dans l'histoire des institutions au dernier siècle.

M. Taine n'a pu se dispenser d'en parler dans le beau livre qu'il a consacré à l'ancien régime, mais il ne me paraît pas l'avoir fait avec la rigueur de méthode, ni avec la précision qui distinguent, en général, tout ce qui sort de la plume de cet habile et savant écrivain.

Je ne saurais être d'accord avec lui, lorsqu'il déclare que, « avec toutes ses rigueurs, la loi sur la mendicité n'atteignit pas son objet. » Il cite, à l'appui de son sentiment, ce passage des remontrances du Parlement de Bretagne, du 4 février 1783 : « Nos villes sont tellement peuplées de mendiants qu'il semble que tous les projets formés pour bannir la mendicité n'ont fait que l'accroître. »

Peut-être ne faut-il pas ajouter une entière confiance à l'assertion de magistrats qui, constamment, virent de mauvais œil l'opération de la mendicité, parce que, soit au point de vue de la répression, soit à celui de la police des dépôts, on l'avait mise en dehors de leurs attributions.

A l'affirmation du Parlement de Bretagne, qui ne vise

du reste, qu'une province, j'opposerai celle du procureur
général du Parlement de Normandie, qui demandait que
l'on rentrât dans le droit commun, en alléguant des
raisons absolument contraires à celles que faisaient va-
loir les magistrats de Rennes.

« On convient aujourd'hui, écrivait M. de Belbeuf à
M. Colombier, inspecteur des maisons de force et des
hôpitaux (Paris, 6 novembre 1785), que la Déclaration
très hostile faite à la mendicité a détruit l'ancienne race
des mendiants de père en fils. On ne voit déjà plus que
des vieillards et des infirmes connus dans leurs can-
tons (1). Ainsy, à peu de frais, on peut pourvoir à la
punition du vagabondage et du renfermé, par sentences
ou par arrêts rendus en police.

« Il est à désirer que ce dépôt soit rendu si sûr qu'on
ne voye pas 18 prisonniers s'en évader en 2 ou 3 fois,
comme il est arrivé depuis deux mois (2), dans le nombre
desquels quelques-uns eussent été brûlés vifs, si, en matière criminelle, l'arrêt n'eût pas passé à l'avis le plus
doux par partage. »

Ce fut précisément à cause de la diminution de plus
en plus marquée des mendiants, qu'on fut insensiblement amené à renfermer dans les dépôts, des aliénés

(1) Il y avait eu au commencement de cette année un redoublement
de rigueurs contre les mendiants. Lettre de l'Intendant à M. de Vil-
lemont, 14 avril 1785 : « M. le Contrôleur général me mande qu'il
lui a été adressé des plaintes sur ce qu'on ne tient pas la main, dans
la Généralité de Rouen, à l'exécution des ordonnances touchant la
mendicité. » Archives de la Seine-Inférieure, C. 1018.

(2) Il est fait aussi allusion à ces évasions multipliées, dans une
lettre de Bertier à l'Intendant, du 1er novembre 1785.

pour lesquels il n'y avait point encore d'asiles spéciaux, et de véritables criminels, pour lesquels on n'avait point encore organisé de lieux de détention, la prison étant une peine nouvelle et qui ne faisait que commencer à s'introduire dans la pratique judiciaire.

A première vue, on aurait pu croire que le dépôt de mendicité, étant soumis à l'autorité de l'Intendant, dut servir au renfermement de particuliers condamnés par ce magistrat. Ce serait une erreur. Dès 1775, M. de Crosne affirmait qu'aucun des détenus n'avait été renfermé sans tribunal et sans forme judiciaire, qu'il n'y avait pas un prisonnier à qui le procès n'eût été fait et qui n'eût été l'objet d'une condamnation portée, soit par le Prévôt, soit par le Conseil de guerre. Il déclarait n'y avoir point fait enfermer, de son autorité, une seule personne, et mettait le procureur général au défi d'en citer aucune.

On est très exactement fixé sur la situation de cette maison aux années qui ont précédé la Révolution, par les états de statistique conservés dans les archives de l'Intendance.

En décembre 1772, on y comptait 342 détenus.

Au 1er janvier 1779, le nombre était de 156 hommes et de 147 femmes. Dans le cours de cette année, les entrées furent de 112 pour les hommes, de 79 pour les femmes ; 52 décès ; 5 naissances (C. 1015).

On possède, dressé mois par mois, l'état des prisonniers du dépôt pendant l'année 1789.

En voici le relevé :

1er Janvier	236 ;	entrées	19 ;	sorties	15	dans le courant du mois.		
1er Février	240	»	43	»	18	morts	5
1er Mars	260	»	16	»	19	»	6
1er Avril	251	»	22	»	35	»	1
1er Mai	237	»	12	»	42	»	1
1er Juin	206	»	28	»	21	»	5
1er Juillet	208	»	42	»	31	»	3
1er Août	216	»	22	»	28	»	3
1er Septembre	207	»	12	»	6	»	»
1er Octobre	213	»	32	»	22	»	5
1er Novembre	218	»	16	»	24	»	3
1er Décembre	207	»	13	»	11	»	1

Présents au 1er janvier 1790, 208.

Dans le cours de l'année 1789, il y avait eu 277 entrées, 272 sorties, 33 décès.

La plupart des prisonniers étaient détenus depuis quelques mois seulement. Il y en avait 19 dont la détention remontait à 1787. 11 étaient renfermés depuis 1786, 15 depuis 1785, 5 depuis 1784, 8 depuis 1783, 8 depuis 1782, 1 depuis 1781, 1 depuis 1780, 1 depuis 1779, 2 depuis 1778; 1 depuis 1777, 2 depuis 1776, 3 depuis 1769, 1 depuis 1768.

Les longues détentions avaient pour cause ou une condamnation criminelle ou l'aliénation mentale.

Sur le nombre de 236 personnes détenues au 1er janvier 1789, on en comptait 154 condamnées par jugements prévôtaux ou ordonnances prévôtales (1), 37 par ordres

(1) Les nommés Pellegrin et Curotti, religieux impliqués dans une affaire de faux passeports, avaient été condamnés par jugement prévôtal à être enfermés au dépôt des mendiants de Rouen. Ils furent mis en liberté, faute de preuves suffisantes, en 1775. Archives de la Seine-Inférieure, C. 1014.

du Roi (1), 9 par ordonnances militaires (2), 8 par arrêts de Parlement, une seule par ordonnance de l'Intendant.

36 y étaient venus du dépôt de Saint-Denis, et 2 de la prison de Rouen, 4 sont qualifiés détenus volontaires, parce qu'ils étaient reçus sur leur demande, motivée par les infirmités et l'indigence. On signalait, de plus, 2 enfants nés au dépôt (3).

A la fin de décembre de la même année, les états donnent 159 détenus par jugements prévôtaux ou ordonnances prévôtales, 26 par ordres du Roi, 2 par ordonnances militaires, 8 par arrêts du Parlement, 21 qui avaient été transférés du dépôt de Saint-Denis à Rouen, 2 volontaires.

Les jugements prévôtaux, distingués des ordonnances prévôtales, portaient en général condamnation à des

(1) Dans une lettre à l'Intendant de Maussion, de 1788, La Millière remarque qu'on conserve dans le dépôt deux femmes en qualité de volontaires, l'une depuis 1778, l'autre depuis 1785, qui n'étaient ni infirmes ni âgées. Il s'étonne aussi qu'on y conserve plusieurs enfants en bas âge, au lieu de les mettre en pension. Une indigence irrémédiable était le titre des deux femmes en question. Quant aux enfants, on ne pouvait obtenir des laboureurs qu'ils s'en chargeassent. Archives de la Seine-Inférieure, C. 1020.

(2) Un nommé Jones, appartenant à une famille anglaise réfugiée en France, coupable de différents délits, après avoir été mis à Saint-Yon, est envoyé au dépôt de mendicité, en vertu d'un ordre du Roi, par le secours de puissants protecteurs. Sa sœur demande qu'il y soit maintenu « l'honneur étant le seul bien resté à la famille, qui n'aurait pas le moyen de payer sa pension dans une maison de force. » Vers 1774. Archives de la Seine-Inférieure, C. 101».

(3) Ordres du Roi pour faire admettre au dépôt de mendicité des déserteurs, une femme condamnée par arrêt du Parlement à être enfermée à perpétuité, 1786.

peines très longues, comme de neuf ans au moins, et les arrêts du Parlement, condamnation à la détention perpétuelle.

En janvier 1789, on comptait 24 infirmes estropiés, épileptiques et aveugles, 22 fous, 16 imbéciles. Les fous étaient presque toujours enfermés par ordonnances prévôtales illimitées. Il y avait un malheureux qualifié imbécile, dont la détention était motivée par un jugement prévôtal du 3 mai 1788.

Au point de vue de leur emploi dans la maison, on distinguait 117 personnes employées à la filature, 6 employées au cardage, 4 à la couture, 2 à l'infirmerie, 1 tailleur, 1 désinfecteur et 1 maître d'école. Des pensions de 150 livres par an étaient payées par 9 renfermés, fous ou volontaires.

Il y avait dans le nombre, des individus condamnés pour vol, pour maquerellage, 51 récidivistes, 8 individus flétris de justice, marqués de la lettre V, ou des lettres G, A. L.

En vertu d'un jugement du Bailliage, rendu au mois d'août 1789, le dépôt reçut pour quelques jours François Bordier, de Paris, comédien, et Thomas-Charles Jourdain, avocat de Lisieux, qui furent condamnés à être pendus pour fait de sédition.

Dans ses *Essais sur l'Administration* publiés en 1789, Necker (1), s'occupa de la mendicité et proposa des mesures pour assurer le soulagement de la mendicité nécessitée par la vieillesse ; des estropiés, soit de

(1) T. II, 207, 239, 245.

naissance soit par accident ; de la mendicité sous le prétexte, fondé ou non fondé, de manque de travail ; enfin
de la mendicité occasionnée par la fainéantise, « le vice de
l'humanité le plus à craindre. » Il comptait beaucoup,
pour arriver à son désir, « sur l'efficacité de moyens
simples qui deviendroient encore plus faciles par les établissements provinciaux qu'il proposait. »

Cette question, d'une importance majeure, fut une de
celles qui préoccupèrent le plus les Assemblées provin-
ciales.

Mais quel triste aveu d'impuissance dans le rapport
de la Commission intermédiaire de la haute Normandie (2) !

« L'Assemblée provinciale avait formé un bureau par-
ticulier chargé de proposer les vues qui pourraient conduire à l'anéantissement de ce fléau. Mais en réfléchis-
sant profondément sur ce sujet, le bureau pensa qu'il

(2) Rapport des travaux de la Commission intermédiaire de la
Haute-Normandie, depuis le 20 décembre jusqu'au 27 juillet 1790.
Rouen, 1790, p. 145. Voir le rapport sur la Mendicité dans le procès-
verbal des séances de l'Assemblée provinciale, tenue aux Cordeliers,
aux mois de novembre et décembre 1787, p. 288. Ce rapport est signé
par le cardinal de la Rochefoucauld. Il y est question d'une caisse
des pauvres à fonder, laquelle serait formée par la réunion qui y
serait faite de tous les biens et revenus destinés à leur soulagement,
tant par les lois publiques de l'Eglise et de l'Etat que par les titres
des fondations particulières, par les aumônes volontaires, par le produit de la vente des cimetières supprimés, par la réunion des manses
conventuelles des maisons religieuses qui étaient dans le cas de la
suppression, aux termes de l'Edit de 1768, par celle des revenus de
toutes les confréries, excepté celles de charité établies dans les paroisses. On trouve, au bas de ce rapport, le nom du cardinal de la
Rochefoucauld, président de l'Assemblée provinciale.

ne suffisait pas de proscrire la mendicité par des règlements, qu'il fallait en même temps pourvoir à la
subsistance des véritables pauvres. L'Assemblée provinciale était loin d'avoir les moyens nécessaires pour y
parvenir : ces moyens dépendaient du gouvernement ;
elle n'avait qu'un vœu à présenter : elle le fit, et le rapport, inséré dans son procès-verbal, renferme un plan
utile et d'une exécution aisée sur lequel elle se promettait de revenir à sa seconde séance. La Commission
intermédiaire fut chargée provisoirement de prendre les
éclaircissements nécessaires pour y parvenir. Mais de
bonnes intentions ne sont pas suffisantes pour faire le
bien lorsque toutes les opérations publiques sont reçues
avec ce sentiment qui naît d'une longue méfiance. La
mendicité subsiste toujours, et nous pouvons même dire
avec douleur que, dans ces derniers temps, elle s'est
accrue d'une manière effrayante. Puissent nos successeurs, profitant de leurs avantages, l'anéantir à jamais !
Puissent-ils regarder comme une de leurs fonctions les
plus importantes le soin de soulager les malheureux !
En même temps qu'ils s'occuperont de remplir ce noble
devoir, ils feront rentrer dans ses foyers cette foule
vagabonde, effroi des campagnes, et feront prospérer à
la fois le règne des lois, du bonheur et de la vertu ! »

Le Directoire du département succéda à la Commission
intermédiaire et, dans sa séance du 21 août 1790, se
contenta d'apporter de légères modifications au règlement concernant la constitution et le régime du dépôt de
mendicité.

L'article 1er est ainsi conçu : « Le dépôt de mendicité

demeurera destiné à recevoir les vagabonds condamnés au renfermement par jugement prévôtal, conformément à la Déclaration de 1762 ; les mendiants qui y seront conduits par ordonnances du Prévôt et du Lieutenant de maréchaussée de l'ancienne Généralité de Rouen, suivant les instructions ; les filles et femmes de mauvaise vie arrêtées à la suite des troupes et condamnées au renfermement par ordonnances militaires ; les particuliers qui y seront envoyés par ordre du Roi pour cause de démence ou d'inconduite, pourvu que ces ordres aient été précédés d'un jugement ».

Le département acceptait sans hésitation l'héritage de l'ancien régime en ce qui concernait le dépôt de mendicité, ce qui prouve, à n'en pas douter, qu'il n'y avait point lieu de confondre ces établissements avec les maisons de force, et que les améliorations, successivement apportées dans leur régime intérieur, leur avait fait perdre cet aspect révoltant des premiers temps de leur institution, que nous avons cru de notre devoir de signaler.

L'assemblée administrative du département, dans ses séances des mois de novembre et de décembre 1790 porta, à son tour, son attention sur cette importante question.

Elle reconnaissait que la mendicité était devenue par le défaut d'emploi de moyens suffisants pour la détruire un fléau pour les villes et pour les campagnes ; qu'elle compromettait la sûreté des grandes routes, qu'elle interceptait les aumônes, que la vie du mendiant-vagabond présentait le tableau hideux de tous les vices, de tous les crimes. Elle attribuait l'inutilité des mesures prises sous l'ancien régime, à ce que l'on ne s'était pas assuré des moyens de procurer les subsistances des malheureux qui, sans secours, succomberaient sous le poids de l'indigence.

Un projet fut discuté au conseil du département, du 3 décembre au 14 décembre 1791. « Ce projet tendait à faire disparaître cette classe vagabonde, fléau de la société, qui sollicite effrontément des secours pour alimenter sa paresse. Il tendait à soulager cette classe d'infortunés qui, privés de santé, de travail et de fortune, attend le secours que la société doit donner à ceux qui lui sont ou lui ont été utiles. Mais ce plan, si intéressant à concevoir et si satisfaisant à exécuter, avait besoin, pour son complément, de l'autorisation du pouvoir exécutif. Elle fut demandée par le Directoire et lui fut refusée par la raison que, l'Assemblée nationale s'occupant d'un plan général, on ne pouvait pas admettre de mesures partielles. »

En attendant, les ressources diminuèrent considérablement, et partout le mal s'aggrava.

On comptait à cette époque dans la Seine-Inférieure, sur une population de 631,515 habitants, 50,906 individus qui ne payaient aucune taxe, 75,694 individus qui avaient besoin d'assistance, 20,867 mendiants-vagabonds. Les fonds des hôpitaux étaient évalués à 279,593 l.; les fonds de charité, à 25,346 l. (1).

(1) Procès-verbal des séances, p. 331.

(2) Rapport des travaux du département du 15 décembre 1791 jusqu'au renouvellement, en novembre 1792, p. 15.

Le dépôt de mendicité ne fut pas supprimé pendant la période révolutionnaire (1) : mais en conservant sa primitive destination, il devint maison de détention correctionnelle.

J'aurais essayé d'en poursuivre l'histoire jusqu'à la réorganisation des dépôts de mendicité en 1808, si je n'avais déjà que trop sujet de craindre d'avoir abusé de votre bienveillante attention.

Le dépôt de mendicité, transformé en maison de détention, puis en caserne, a complètement disparu de nos jours. L'on a élevé sur son emplacement des bâtiments spacieux qui feront l'ornement d'un quartier, jusqu'à ce jour trop déshérité. Je n'ai voulu que rappeler les souvenirs intéressants, quoique douloureux, qui se rapportent à cet établissement, sur lequel un membre de notre Académie, M. le docteur Vingtrinier, s'est étendu longuement dans son livre *Des prisons et des prisonniers*.

(1) Lettre du ministre de l'intérieur (28 ventôse an V) aux administrateurs du département, qui proposaient, comme mesure d'économie, la suppression du dépôt, se fondant sur ce que le code des délits et des peines réduisait à trois espèces les prisons de chaque département, et qu'il n'était nullement mention des dépôts de mendicité.

Consulter, sur la question qui fait l'objet de ce mémoire : « Essai sur la mendicité.., dans lequel on expose l'origine, les causes et les excès de la mendicité..... » Amsterdam 1779 (de M. Lamblin de Saint-Félix).